L'Ebraismo spiegato ai miei figli

Elena Loewenthal

L'Ebraismo spiegato ai miei figli

pasSaggi Bompiani

Via Mecenate 91 - 20138 Milano

ISBN 88-452-5246-9

I edizione Bompiani aprile 2002

Finito di stampare nel mese di aprile 2002
presso Legatoria del Sud
Via Cancelliera 40, Ariccia RM
Printed in Italy

E che dire di Dio? Un tempo cantavamo
"Non c'è nessuno come nostro Dio". Ora cantiamo "Non c'è nessun nostro Dio"
eppure cantiamo, ancora cantiamo.

Yehudah Amichai

... Suggerisce una definizione dell'ebreo come colui che legge sempre con la matita in mano, colui che persino nei campi della morte (e questo è veramente avvenuto) corregge un errore di stampa, emenda un testo dubbio, mentre egli stesso sta per scomparire...

George Steiner

... La certezza che soltanto alla mia natura di ebreo dovevo le due qualità che mi erano divenute indispensabili: ... l'essere libero dai molti pregiudizi che limitano gli altri nell'uso del loro intelletto; in quanto ebreo fui sempre pronto a passare all'opposizione e a rinunziare all'accordo con la "maggioranza compatta"...

Sigmund Freud

Il mondo sussiste soltanto per il respiro degli scolaretti.

Talmud, trattato Shabbat

Non leggere "incise" sulle Tavole, leggi invece "libertà!"

Talmud, trattato Eruvin

Quattro domande

Ricordate, bambini miei?
Ogni anno, la sera di Pasqua ci sediamo intorno alla tavola e dal piatto rituale che abbiamo posato in mezzo – con le erbe amare e quelle dolci, lo zampetto d'agnello e l'uovo, con il pane azzimo e la malta buona di datteri e mele – rimbalza una domanda che passando dagli occhi alla testa e al cuore diventa una canzone.
Ormai la sapete a memoria, ripetuta all'infinito, ogni anno da che siamo al mondo:
"Che cosa rende questa sera diversa dalle altre sere?"
La frase, ripetuta, si dirama in quattro domande, intorno alle quali scorre il racconto della memoria storica, la narrazione di quel che si è

e si fa in questo momento della vita: celebriamo qualcosa che è successo in un passato remoto, ma nel quale dobbiamo ora immedesimarci, testa, anima e cuore. Almeno provare. Prendervi parte come se ci trovassimo là, in quel tempo. Non soltanto ricordare, bensì sentirci come se... come se fossimo noi le tribù in fuga precipitosa dalla schiavitù d'Egitto al seguito del bastone di Mosè, noi i pellegrini che attraversano il Mar Rosso apertosi per miracolo, noi uomini, donne e bambini che trascorreranno quarant'anni di erranza nel deserto, in compagnia del Signore e della sua legge incisa sulla pietra.
E così, da quella domanda che è ormai una cantilena allegra sulla punta della vostra lingua, nasce come per generazione spontanea, proprio come voi, bambini miei, siete nati da me, un'altra domanda:
"Se questa sera è diversa dalle altre sere, allora noi chi siamo?", o più o meno:
"Come, e perché stiamo al mondo?"
Il racconto della Pasqua che ogni anno ripetiamo intorno alla tavola – del resto, in ebraico "anno" significa anche "ripetizione"... – è

una storia che ci appartiene ma cui soprattutto noi apparteniamo. E questa storia dà un senso al nostro esistere: non una risposta, ma un significato. Il mondo è pieno assai più di misteri e di domande in sospeso, che di risposte. Ma il senso di questa storia, insieme ad altre cose che ora cercherò sommariamente di spiegarvi con quel poco che so e quel che sento nella testa e nel cuore, sapendo bene di comunicarvi più dubbi che certezze, si chiama identità.

"Che cosa rende questa sera diversa dalle altre sere?"

La luna che una notte di millenni fa accompagnò la fuga degli ebrei schiavi dall'Egitto.

Il pane azzimo che non fecero in tempo a lasciar lievitare.

L'agnello che sacrificarono per essere riconosciuti dal loro Dio di passaggio sulla terra d'Egitto.

Le acque di un piccolo mare ("Rosso", è detto in italiano, ma la Bibbia lo chiama "Mare dei Giunchi") che si aprirono per quella carovana di gente e si chiusero subito dopo inghiottendo i soldati nemici.

Il sapore nuovo della libertà che soffiava nella brezza del deserto.
"Che cosa ci rende quello che siamo?"
Come api un po' timide che fremono e ronzano nell'aria sopra un fiore troppo delicato senza posarsi, come un filo di lana sulla spola secondo il ritmo antico di un piede che va su e giù, le parole che ora vi racconto girano intorno a questa domanda.

Perché?

La coscienza di esistere

Mosè ci ha condotti fuori dall'Egitto, una terra fertile ma di schiavitù, ci ha fatto attraversare il mare con la forza del suo bastone rivolto al cielo, si è smarrito con noi per quarant'anni di deserto, in attesa di entrare nella Terra Promessa.
"È una terra che stilla latte e miele," aveva detto il Signore.
Ma Mosè poté soltanto sognarla, fino alla fine dei suoi giorni. Morì infatti proprio sul ciglio del confine, in cima a una montagna donde colse una vista spettacolosa: tutto il paese dei suoi sogni, da un'estremità all'altra, a colpo d'occhio. Quello fu il suo ultimo batter di ciglio. Il Dio che gli aveva parlato dal roveto

ardente, che l'aveva chiamato a guidare il popolo d'Israele, che per ben due volte gli aveva consegnato le Tavole della Legge, aveva anche deciso che sarebbe entrata in Terra Promessa una gente affatto nuova, una generazione fresca di deserto e di libertà, ignara della schiavitù. Quarant'anni di vagabondaggi per un deserto dai tanti nomi, sarebbero bastati per un ricambio di padri e figli, madri, figlie e nipoti: nessuno di coloro che era stato servo sarebbe stato anche pioniere della terra. E così Mosè poté vederla, quella terra, ma soltanto di lontano e in punto di morte, e senza che i suoi piedi ne assaggiassero il suolo ancora scabro.
È con questa imposizione di libertà, che inizia la nostra storia. Dovete essere liberi fuori e liberi dentro, prima che la vostra storia cominci, aveva detto il Signore alle tribù di Israele, sbarrando loro il passo verso il confine per la Terra Promessa.
Cominci?
Quasi.
In fondo, la storia era già cominciata molto tempo prima. Ma allora non era ancora una

storia di popolo. Erano uomini e donne che si muovevano sulla scena in titanica solitudine.
Abramo, "padre grande" dice il suo nome, è il primo uomo a essere chiamato "ebreo".
Qualche generazione dopo di lui alla stessa maniera si dichiara il profeta Giona, un uomo un po' timoroso, che all'inizio della sua storia scappa e poi a poco a poco capisce che scappare non serve, che bisogna stare di fronte a se stessi perché comunque prima o poi ti ci mettono gli altri, di fronte a te stesso. "Sono ebreo," dice allora Giona ai marinai della nave che sta affondando per colpa sua, poco prima di essere inghiottito dalla bocca di un pesce enorme che poi lo sputerà su una spiaggia remota, e di lì le sue avventure proseguiranno vorticosamente...
Ma andiamo per ordine. Benché l'andare per ordine non sia così congeniale allo spirito ebraico.
Abramo è il primo a essere chiamato "ebreo". Ebreo significa "colui che sta dall'altra parte": sulla sponda opposta, oltre un confine e fuori da un territorio che altri accomuna. La vita di Abramo è come un lungo viaggio, un cammino

che sembra non aver mai fine. In preda a una specie di rivolta dell'anima, lascia la terra dov'è nato e cresciuto: ne detesta l'idolatria che la riempie di simulacri... e pensare che proprio suo padre di mestiere fabbricava statuette sacre!
Ma soprattutto Abramo sente una voce che lo chiama: "Va', nel luogo che poi ti dirò!" Altre volte il Dio che Abramo immagina nei cieli gli darà questo comando oscuro: parti ma senza sapere verso quale destinazione. E Abramo si mette sempre in cammino, perché è ubbidiente alla parola del Signore. Così, quest'uomo antico si accinge al viaggio e diventa "ebreo": sta ormai dall'altra parte, sulla sponda opposta dell'idolatria, di tutto ciò che fino a quella chiamata dal cielo aveva dato per sicuro. La terra dov'era nato, i volti che avevano accompagnato la sua vita sino a quel momento, le credenze cui era abituato. Abramo lascia tutto questo e parte per una destinazione ignota, per un luogo di cui nulla conosce...
La saga di quest'uomo umile eppure incredibilmente coraggioso sta scritta nel primo libro della Bibbia, la Genesi. Abramo nasce qualche generazione appena dopo Noè. Gli è quasi

sempre accanto la sua Sara, moglie taciturna ma volitiva. Dopo un lungo, quasi interminabile cammino, Abramo pianta la sua tenda in una regione stretta fra il mare e il deserto, fertile purché non si abbia a scansare le fatiche: si chiama terra di Canaan. Qualche generazione dopo, le tribù d'Israele discendenti dal nipote di Abramo, cioè Giacobbe figlio di suo figlio Isacco, la chiameranno "Terra Promessa".
Ma non è ancora tempo di riposare, per Abramo, e in fondo non lo sarà mai. La chiamata del Signore è un impegno incessante, per il primo dei patriarchi. Non vano, certo che no: in cambio di tanta ubbidienza, il Dio che è nei cieli scende a patti con l'uomo.
"Se farai come ti dico," spiega infatti ad Abramo, "renderò la tua stirpe numerosa come le stelle del cielo, come i grani di sabbia sulla riva del mare..." La promessa è un po' azzardata: il popolo d'Israele resterà per sempre uno dei più piccoli del mondo, ma forse non è questo che conta. In cambio di una fedeltà incondizionata, dell'ubbidienza più tenace, Dio per parte sua s'impegna a stare al fianco di Abramo, dei suoi figli e dei figli dei suoi figli.

A siglare il patto fra terra e cielo, vi è un gesto tanto simbolico quanto materiale: la circoncisione dei figli. Questo rituale è il marchio di carne e sangue che segna l'appartenenza alla stirpe, alla storia e al destino futuro che le appartengono. Abramo circoncide suo figlio Isacco otto giorni dopo la nascita, come gli ha prescritto Iddio nello stipulare il loro patto. La circoncisione si chiama in ebraico proprio così: "il patto di Abramo". È un segno di appartenenza, di nuova nascita dopo quella che conduce fuori dal ventre della mamma. È una specie di dichiarazione: "Faccio parte di quel popolo... di quella stirpe che un giorno, chissà, Iddio renderà numerosa come le stelle del cielo!"
Forti di questa speranza, da migliaia di anni gli ebrei circoncidono i propri bambini otto giorni dopo che sono venuti al mondo. È un momento, quello, tragico e splendido al tempo stesso, di lacrime di gioia e di dolore, di coscienza che affiora e tormento che torna. Circoncidendo i propri figli, li si introduce nel patto di Abramo, che è più una fatica che un privilegio. Il popolo ebraico è detto infatti

"eletto" non certo perché si senta superiore agli altri, più vicino a Dio.
L'elezione di Israele, segnata dal patto di Abramo e poi dall'accoglienza della legge sul Sinai, è una specie di lavoro: non significa godere di più diritti degli altri, bensì l'essere stati scelti come sacerdoti dell'umanità. Preposti, in quanto popolo e collettività, al culto del Signore. Per questo da sempre gli ebrei fanno poco o nessun proselitismo – benché tanti uomini e donne, nel corso della storia, si siano anche convertiti alla fede e alla appartenenza di Israele –, perché essere ebrei significa vedere un mondo non tutto uguale a se stesso, bensì multiforme e variopinto. Un mondo dove alcuni fanno i sacerdoti, come gli ebrei – e lo fanno rispettando ad esempio le regole alimentari, osservando i precetti, pregando a modo loro – e altri fanno mestieri diversi. C'è una benedizione – e gli ebrei hanno benedizioni opportune per ogni momento, ogni occasione: quando si assaggia un frutto per la prima volta, di fronte alla luna piena, a un bel paesaggio... – c'è una benedizione che dice più o meno così:

"Benedetto il Signore che ha fatto il mondo vario!"

E per questo gli ebrei circoncidono i propri figli, ma non pretendono e nemmeno vorrebbero che tutto il resto del mondo facesse lo stesso.

"Ti renderò numeroso come le stelle del cielo, i grani di sabbia sulla riva del mare..."

Che bella speranza. Ma tale per l'appunto è rimasta, bambini miei. Il popolo ebraico è uno dei più piccoli della terra, tale è sempre stato. È un'impercettibile curva nel grafico demografico cinese, ha detto qualcuno un po' per scherzo ma fondamentalmente sul serio. Di fronte a questa esiguità numerica – qualche milione di ebrei abita oggi sulla terra – vi è una continuità storica quasi senza precedenti né paralleli: gli ebrei sono fra i popoli più antichi del mondo, non ancora estinti, scomparsi nel passato.

L'essere e l'essere sempre stati pochi, disseminati per il mondo, è una debolezza ma in fondo anche una forza, nella storia. La sopravvivenza del popolo ebraico, lungo tremila anni di passato, è spesso additata come un mistero

– un merito o una colpa? Un errore del destino? Nel cammino dell'uomo i popoli vanno e vengono, i sovrani si avvicendano, tutto o quasi cambia. I romani se ne sono andati da un pezzo, i barbari anche... le civiltà lasciano le loro tracce, foggiano il futuro, ma passano. Gli ebrei sono invece sempre lì, come una sfida alla storia. Questa continuità davvero singolare diventa spesso motivo di ammirazione – ma noi, gli ultimi arrivati, non abbiamo proprio alcun merito... – ma almeno altrettanto di frequente ispira diffidenza – questi ebrei ne sanno una più del diavolo, con quella loro ostinazione a sopravvivere.

Dove sta, forse, allora il segreto di questa tenace sopravvivenza, sul filo di un'esiguità numerica che fa del popolo ebraico uno dei più piccoli della terra? La risposta è forse più ovvia, forse più oscura di quanto non ci si aspetti: dalla Bibbia in poi, il primo comando imposto ai figli d'Israele dal cielo è: Sopravvivi! Esisti! Vivi! Questo è il primo imperativo di tutta la storia sacra, è il filo che guida lo studio e l'impegno, il lavoro e la generazione dei figli. "Scegli la vita!" è il precetto fondamentale dell'e-

braismo, che va preso alla lettera, tale qual è. Se non altro per ubbidienza a Dio, dunque, gli ebrei sono sopravvissuti. E a forza di costruire, con fatica e tenacia, la propria storia, hanno via via capito che valeva davvero la pena, e che ciò che s'era messo in piedi sarebbe stato un peccato gettarlo via, lasciarlo morire. Per questo gli ebrei sono rimasti quello che erano. Per fedeltà all'imperativo della sopravvivenza, quello stesso imperativo che trascinò le tribù lungo quarant'anni di erranza nel deserto, e che fa rispondere così Sigmund Freud a un suo conoscente ebreo e assimilato il quale gli aveva chiesto se secondo lui sarebbe stato opportuno far circoncidere – ed entrare nel patto di Abramo – il figlio appena nato: "L'ebraismo è un valore," aveva risposto il padre della psicoanalisi, "un insieme di valori. Non avrebbe senso rinunciarvi..."
Giustappunto, perché rinunciare?
Anzi: non rinunciare! Questo è il primo comandamento nel cuore e nella testa. Non rinunciare malgrado le difficoltà e gli ostacoli, malgrado le lusinghe di un mondo che vorrebbe che tu rinunciassi a essere quello che sei, e

in cambio di questa rinuncia ti premierebbe, il più delle volte.
Non rinunciare, malgrado ciò di cui brevemente vi parlerò ancora: una storia fitta di cose brutte, di vita aspra in un mondo per lo più ostile, o che quanto meno ti guarda da una certa insormontabile distanza, con molta sufficienza. Per quasi tutto il cammino del nostro mondo, agli ebrei è detto fra le righe più o meno così: "Certo che se non esisteste sarebbe meglio per tutti...", "Siete un affronto alla fede, alla storia!" Gli ebrei erano i "perfidi", cioè gli infedeli per eccellenza, erano la sgradevole eccezione a una società che senza di loro sarebbe stata più coerente, più uniforme, più giusta. Più cristiana o più islamica.
E invece, questa società – cristiana o islamica che fosse – dovette confrontarsi con un'ostinazione a esistere da parte degli ebrei che suonava insolente, incomprensibile. La storia ebraica è in fondo null'altro che una tenace risposta all'imperativo – siate! – che si dipana dalla parola divina, dal testo sacro.
Il dovere di esistere è quindi, bambini miei, il fondamento della coscienza d'Israele: – scegli

la vita! – ed è paradossale che il primo precetto imponga una scelta, che per definizione è un attestato di libertà. Ora, a leggere la Bibbia e quel che a essa segue nella tradizione – parola grande, di cui ancora vi dirò, parola importante come poche altre nella storia ebraica – di pagina in pagina, di versetto in versetto cresce il senso di quel comando: Continua a esistere!

È in fondo un po' lo stesso comando che spinge il nostro Abramo a lasciare tutto ciò che è, possiede e conosce, perché un Dio inafferrabile gli ha detto: "Va', nel luogo che poi ti dirò!", e con quest'atto di cieca ubbidienza diventa il primo *ivrì*, il primo "colui che sta dall'altra parte". Andando dove Dio lo manda, Abramo diventa ciò che è e ciò che saranno i suoi discendenti. Egli è il primo anello di una catena ininterrotta, il cui collante è l'imperativo a esistere che Dio ripete all'infinito, fra le righe delle sue parole, dentro il testo sacro.

La straordinaria, per certi versi incomprensibile continuità ebraica, bambini miei, è proprio come una catena, e così la raffigura il popolo d'Israele: una catena in cui ognuno di

noi non è altro che un piccolo anello. Senza il quale, però, la catena si spezza. Questo piccolo anello che siamo ognuno di noi, sta infatti connesso a quello che l'ha preceduto, e si attacca a quello che lo segue. Così di generazione in generazione, giacché in ebraico per dire "storia" si usa una parola plurale femminile, che significa propriamente "generazioni": *toledot*. Il cammino dell'uomo è un nascere e morire, continuare a esistere nascendo e morendo: questo spiega la parola *toledot* che di solito si traduce con "storia".
Non è quindi un senso di superiorità o di esclusione quello che anima lo spirito ebraico in quanto popolo eletto, bensì un richiamo al dovere che la Bibbia – cioè la Torah, cioè la Legge per antonomasia – impone a ogni suo rigo di scrittura. La coscienza di sapere che hai un posto al mondo e di doverlo occupare degnamente: il tuo posto al mondo, dice la Bibbia agli ebrei, è quello di osservare la Legge che ti ho dato sul Sinai e, in attesa del tempo a venire (è il futuro che ancora non possiamo immaginare, bambini miei, un futuro di redenzione cui è difficile non credere o se non altro

rinunciare alla tentazione di sperarlo), fare da sacerdoti al mondo proprio come i sacerdoti fra di voi praticano il culto per conto di tutti i membri del popolo, mentre altri invece coltivano la terra, confezionano abiti, portano l'acqua, studiano...

Praticano il culto... o meglio, lo praticavano sinché esisteva il Tempio di Gerusalemme, ma ora e da duemila anni a questa parte le cose vanno un poco diversamente, come vi racconterò fra poco.

I pilastri dell'identità sono quindi questi: solidi e antichi, dal robusto anacronismo. L'esistenza ebraica è infatti una sfida al tempo così come un cammino nel tempo, invece che con i piedi per terra: la storia che ci appartiene e cui apparteniamo è una catena sino a ora ininterrotta, fragile certo, fiacca a volte. Eppure ancora tiene: padri e figli, madri e figlie, maestri e discepoli.

La coscienza è un senso di appartenenza che fa della collettività la tua casa, ma non esclude l'impegno a contare su se stessi. "Se non io per me, chi altri per me?" ha detto un maestro della tradizione, e un altro gli fa eco con: "Tutto il popolo d'Israele è reciprocamente responsabile l'uno dell'altro." Ecco, più o meno, come sta insieme la catena, parola che in ebraico suona quasi onomatopeica, *shalshelet* (non tintinna, fruscia...): senso di responsabilità individuale e comunanza di destino.

Forse, queste parole e questa spiegazione vi parranno un po' antiquate: è vero, sono andata molto indietro, per provare a spiegare. Ed è difficile accostare l'esistenza ebraica di oggi a questi fondamenti antichi, come se da Abramo a noi fossero passati pochi giorni. Già, proprio come dice Giacobbe a proposito di quei sette anni più altri sette anni che aspettò prima di potere avere la sua Rachele, la ragazza che amava perdutamente. Tale era la sua speranza, tale era la trepidazione, che a voltarsi indietro quei quattordici anni di fatiche e attesa, dopo, gli sarebbero parsi "come pochi giorni". È la forza dell'amore.

No, non sono passati pochi giorni, dal giorno in cui Abramo lasciò la terra dov'era nato per andare nella lontana Canaan. Molte cose sono cambiate, il mondo ha tutta un'altra faccia. Ma la spinta ebraica a esistere è lì che va cercata: in

quel viaggio lungo un deserto ignoto che in fondo assomiglia al mondo d'ogni tempo. "Va', nel luogo che poi ti dirò!"
In quel momento, fra le asperità del terreno, le incertezze del futuro, la paura e i pericoli, la vita di Abramo acquista un senso che non perderà mai più, e che i suoi discendenti si sono imposti di non mandar perduto. A questo si deve la millenaria sopravvivenza ebraica.
A un senso di fedeltà, oltre che di fede. Fedeltà al comando che un Dio mai visto prima pronuncia per Abramo, fedeltà al patto che un giorno non lontano i due stipuleranno. Un patto cruento, fra carcasse di animali e con il sangue della circoncisione, che nella sua materialità attesta l'impegno reciproco:
"Tu, Abramo, obbedisci. Ed io renderò la tua stirpe numerosa come le stelle del cielo, come i grani di sabbia sulla riva del mare..."
È solo l'inizio. La storia comincia.

Quando?

Passato-Presente

Abramo generò Isacco, Isacco generò Giacobbe, Giacobbe generò le dodici tribù. La genealogia non è completa, anzi sommaria – mancano Ismaele ed Esaù, ovvero gli altri volti della storia, destinati a imboccare vie diverse. Non per questo da criticare e tantomeno condannare, ovviamente. Ismaele è il primogenito che Abramo genera con Agar, la serva che Sara stessa gli affida affinché procrei una generazione. Un tragico destino attende questa madre e questo figlio, reietti dalla gelosia e relegati in un deserto che soltanto per miracolo li terrà in vita.

Ma il bello delle storie bibliche è in fondo anche questo: lì nessuno è perfetto. Abramo si congiunge con Agar e poi la rinnega, Sara ostenta sentimenti poco edificanti nei confronti di quella donna e del suo innocente figlio. Giacobbe non esita a strappare al padre Isacco il diritto di primogenitura, ingannando tanto lui quanto il fratello Esaù. Un poco di buono, quest'ultimo, ma non è questo un valido motivo per comportarsi indegnamente nei suoi confronti... Il fatto è che, malgrado la distanza, malgrado vivano in quella irraggiungibile dimensione del tempo e dello spazio che è un libro scritto migliaia d'anni fa, questi uomini e queste donne sono assai più umani di quanto non ci si aspetterebbe da una storia remota e da sempre detta sacra. Hanno vizi e virtù, pregi e difetti. Non si vergognano di essere imperfetti, come siamo tutti in un modo o nell'altro. Dunque: Abramo genera Isacco, insieme a Sara. Questo figlio che giunge così tardi, più tardi di quanto ogni genitore possa immaginare, strappa una risata incredula, quasi in faccia agli angeli venuti ad annunciare quella nascita, a mo' di viandanti del deserto. Sara, vecchia di novant'anni, pensa: "È impossibile... alla mia età..." Abramo invece dice, fra sé e sé: "È naturale, che

nasca, altrimenti come potrebbe avverarsi la promessa che Dio mi ha fatto?"
Entrambi ragionano con la voce della fedeltà, reciproca e verso quel Dio ancora quasi del tutto ignoto e assai avaro di parole.
Isacco è la condizione necessaria affinché la storia prosegua. È lui il primo ebreo a essere circonciso otto giorni dopo la nascita. Qualche anno dopo, per colpa della natura inevitabilmente paradossale di questa storia, Abramo ascolterà ancora una volta il ritornello celeste: "Va', nel luogo che poi ti dirò!"
Questa volta Dio da lui vuole qualche cosa in più: il sacrificio dell'unico figlio rimasto. Ma non ho troppa voglia di parlarne, bambini miei. La storia del legamento di Isacco fa male soltanto a raccontarla, foss'anche per l'ennesima volta. Meno male che qualcuno arrestò il coltello in tempo e fermò la mano di Abramo. Dicono i maestri che dopo quel trauma il povero Isacco fu mandato a riprendersi in paradiso, per qualche tempo. Di lì tornò avvezzo all'andatura di chi lo abita, cioè a testa in giù e gambe in su... e in quella curiosa postura lo vide per la prima volta la sua Rebecca, quella moglie bambina giunta

anche lei dalla stessa terra lontana donde molti anni prima era partito Abramo.
Ma mi perdo in questa storia, succede ogni volta. È così bella che, a differenza di altre, non si resiste alla tentazione di raccontarla ogni volta, con qualcosa in più e qualcosa in meno, qualcosa di nuovo insomma, o che già c'era ma si è sempre trascurato di vedere.
Isacco genera insieme a Rebecca una coppia di gemelli opposti, che incominciano a litigare ancora dentro il ventre materno: Giacobbe ed Esaù. L'uno mingherlino e conscio di poter contare soltanto sulla propria intelligenza, l'altro robusto e pugnace. Passa qualche anno, e con uno stratagemma poco gentile Giacobbe, che è nato per secondo, strappa al vecchio padre cieco il diritto di primogenitura. Un diritto basilare, a quei tempi e in quella società. Al suo fianco c'è la scelta di una madre che parteggia senza reticenze. Questo sopruso non di poco conto segna una storia che deve scriversi così e non altrimenti: Giacobbe è destinato a diventare il padre delle dodici tribù, e in quanto capostipite non può rinunciare alla primogenitura, nem-

meno a costo di portarla via al fratello maggiore.

La vicenda di suo padre Isacco era andata più o meno nello stesso modo, e in questo ripetersi ci insegna qualcosa di profondo: che la storia delle nostre origini non è accaduta per vie "naturali", "ovvie". Ci è voluto invece un intervento, una storpiatura nel corso delle cose, ci sono volute la mano e la testa di un uomo, che nel bene e nel male cambia il destino, non lo lascia andare da solo.

Quanto alle ripetizioni, sono una costante della storia biblica, bambini miei: come dei puntelli che servono a ricordare, ma anche a dirci che quel che ci pare unico e straordinario spesso non lo è.

Torniamo però, come è giusto, a Giacobbe. Questa volta in fuga dal fratello legittimamente arrabbiato, in fuga verso la solita terra lontana da cui era giunto suo nonno Abramo e dove suo padre Isacco aveva mandato il fedele servo Eliezer a prendere una donna da sposare, Rebecca poco più che bambina.

La storia delle origini è un lento, lungo viavai da e verso il remoto punto di partenza, come a dirci

che il distacco dalle radici è cosa da farsi passo dopo passo, senza traumi. Giacobbe resta molti anni a casa di Labano, e qui prende le sue due mogli, Lia che non ama e gli dà molti figli, Rachele che adora come la pupilla dei suoi occhi, ma gli darà con immane fatica due figli soltanto, prima di morire terribilmente troppo presto.
Armato di una figliolanza numerosa e greggi in abbondanza, Giacobbe torna infine in terra di Canaan. Ma la storia non finisce qui, siamo anzi appena agli inizi, e ci tocca far presto a raccontare, prima di diventar noi vecchi...
La natura quasi manca, in queste vicende: supponiamo grappoli di tende scure piantate fra un'altura e l'altra di un deserto monotono, qualche ciuffo e qualche arbusto ogni tanto, un pozzo con dieci palme intorno a far da sosta per abbeverare le bestie, riposarsi all'ombra.
La natura si fa udire quando è particolarmente aggressiva, e muta il corso della storia: Giacobbe è costretto a scendere in Egitto per colpa di una carestia. Non c'è più nulla da mangiare per la sua grande famiglia, in terra di Canaan, mentre oltre il Mare dei Giunchi si estende un paese che è sinonimo di ricchezza e abbondanza.

Nel momento in cui si mettono in cammino spinte dalla fame, le tribù di Giacobbe danno respiro alla storia di un popolo. Non più individui dall'eroica solitudine, bensì gruppo. Il gruppo incomincia a prendere coscienza di sé, in Egitto, molti anni e generazioni dopo. Intorpidito da una schiavitù faticosa ma tutto sommato rassicurante (pentole piene di carne e un suolo generoso), il popolo d'Israele non si rende conto che è possibile vivere altrimenti, da uomini e donne liberi, sinché a spiegarlo non giunge un redentore cresciuto a corte del Faraone.
E così siamo arrivati a Pasqua, bambini miei, arrivati e tornati come ogni anno da quel giorno in poi, da quella notte di luna piena in cui l'Eterno "passò" (questo significa la parola ebraica *pesach*) sul paese d'Egitto e inflisse l'ultima, terribile piaga – lo sterminio dei primogeniti. E in quella stessa notte, così diversa da tutte le altre notti, i figli d'Israele fuggirono, "passando" dalla schiavitù alla libertà, dall'incoscienza all'identità, dal torpore di banalità alla speranza per il futuro.
Libertà: in ebraico è detta *cherut*, e la stessa

parola indica “incise”, proprio come le lettere e le parole sulle Tavole della Legge, nella pietra. La libertà, insomma, è incisa nella legge che di lì a qualche tempo il popolo riceverà in cima al Monte Sinai, tramite le mani e la testa di Mosè. Anche se la tradizione dice che eravamo tutti, lassù al Sinai, ad ascoltare la voce celeste che scandiva il dettato; eravamo là ancora prima di nascere, e per questo non possiamo trincerarci dietro l’ignoranza. Quella legge appartiene a noi tanto quanto a quelle tribù erranti per il deserto, migliaia di anni fa.

Quarant’anni, trascorsero nel deserto, a pazientare e strepitare, aspettare e fuggire. Mosè s’arrabbia spesso con il popolo, spezza le Tavole della Legge appena ricevute sul Sinai quando vede la gente intenta a gozzovigliare adorando il vitello d’oro, ostenta la propria forza se ritiene necessario riportare l’ordine. Decide quando smontare le tende e mettersi in cammino, quando è tempo di fermarsi.

All’indomani o quasi della sua morte, le tribù varcano quel confine sino ad allora violato soltanto da un pugno di esploratori: oltre la riva del Giordano, un fiumiciattolo a tratti quasi in secca, c'è la Terra Promessa.

La conquista di questa striscia di sassi e colline, con un lembo di pianura fertile appena prima di incontrare il mare, è un po' guerra e un po' assimilazione, scontro e incontro con indigeni che a volte assomigliano fin troppo agli israeliti, a volte sembrano il loro opposto. È questo il tempo dei giudici: condottieri di pace e battaglia, cantori e signori, quasi tutti anche un poco profeti.

Ma come si fa, in fondo, a tirare le fila di una storia in cui ognuno è protagonista? Dovrei parlarvi ancora di Debora e Iefte, di Sansone e Iotam, di Samuele e sua madre Anna... Invece il tempo stringe, la storia è lunga.

Ad ogni buon conto, sta scritta, per filo e per segno, nei primi libri della Bibbia, in quella parte che i cristiani chiamano Antico Testamento, e che è per gli ebrei l'unico testo sacro. "Scrittura" per antonomasia, è chiamato questo libro nella civiltà occidentale, "lettura" lo chiama la lingua ebraica in cui esso è scritto. Ma una lettura che sia a voce alta, gridata quasi: *miqra*.

Dopo i giudici, viene il tempo dei re: breve stagione della storia di Israele, e anche turbolenta. Saul, Davide e Salomone sono gli unici a governare su tutte e dodici le tribù. Salomone costruisce un tempio bellissimo, lucido e mitico. Dopo di lui è lo scisma fra le tribù del Nord e quelle del Sud. E basta appena qualche contrastata successione al trono per far finire tutto. Con la prima cattività.
È il primo esilio, a Babilonia, breve appena qualche decina di anni, eppure profondo nel segno che lascia. Deportati a Babilonia, gli ebrei imparano a vivere facendo a meno della propria terra. Ad aspettare di tornare e intanto non morire. Dall'esilio di Babilonia tornano solo, e frammentarie, due delle dodici tribù. Le altre sono da allora disperse nel vento, o chissà, esiliate oltre il confine della realtà in un luogo fantastico dalla straordinaria prosperità. Molte leggende si sono ricamate intorno alle dieci tribù perdute di Israele, e da allora in tanti sono partiti a cercare questi dispersi, perché si sa che la storia non finirà prima che ci si ritrovi tutti insieme.
L'esilio di Babilonia è come un assaggio della

condizione storica in cui gli ebrei si troveranno di lì a qualche tempo. Fra il primo esilio e il secondo c'è una parentesi turbinosa, fatta di ritorno in Terra Promessa e reiterati tentativi di ricostruire una società e un mondo perduti. Poi viene la bufera di Alessandro Magno, vengono i romani che con fatica conquistano la Giudea e la chiamano Palestina, dal nome dei filistei, primitiva tribù cui apparteneva il gigante Golia. Con questo nuovo nome, i romani intendono cancellare ogni presenza di sovranità ebraica, persino ogni reminiscenza storica. Avevano conquistato quel piccolo regno con una fatica che nessuno avrebbe immaginato (*Judaea capta!* esclama con una certa enfasi la moneta coniata apposta per questo trionfo, e descrive con solennità l'Arco di Tito), messo finalmente il freno a quella popolazione riottosa e difficile da domare. Era giunto il tempo di fare tabula rasa della storia precedente.

Nel 70 d.C. tutto, apparentemente, si conclude con la distruzione a fuoco del Tempio di Gerusalemme.

Nel 70 d.C. inizia la Diaspora.

Diaspora è una parola greca, che significa esilio e dispersione al tempo stesso. Lontananza dalla propria terra e disseminazione ai quattro angoli del mondo. È la condizione ebraica per eccellenza, da allora sino a oggi: vivere un po' come ospiti al mondo, più o meno (s)graditi, sapendo che la tua situazione è provvisoria. Che un giorno sei accolto e l'indomani magari respinto, e poi richiamato di nuovo. Vivere respirando la diversità e restando diversi dagli altri.

L'ebraismo è una civiltà poco propensa all'astratto. Conosce la filosofia perché l'ha appresa da altri, ma non l'avrebbe mai inventata. I suoi libri sono storie, casi, esempi, immagini. Mai congetture. L'ipotesi è accettabile solo se ha qualche analogia con la realtà. L'ebraico guarda al mondo con i piedi per terra. Ed è quasi bizzarro che una lingua così "materiale" abbia accompagnato un popolo sospeso per millenni, cittadino del tempo più che dello spazio. In bilico fra un passato memorabile e un futuro incerto, cui però non ci si poteva permettere di rinunciare.

Queste mie parole, badate, non sono certezze.

Soltanto pensieri e sensazioni, lasciti di esperienze vissute, per lo più insieme ai libri.
Abramo è il grande padre di tutti. Lui, da solo, che al pensarlo le sequenze s'affastellano: il giovane che parte per ignota destinazione, il vecchio incredulo di fronte all'impossibile figlio venturo, lo sventurato che si trascina al monte per sacrificarvi ciò che ha di più caro, il vedovo affranto in cerca di un lotto sotto il quale inumare la sua amata Sara.
Mosè, il "nostro maestro", così lo chiamano gli ebrei. Capo e guerriero, estenuato educatore di un popolo che nel deserto ha ancora molto da imparare.
I re sono simboli di un potere effimero. Poeti e sapienti, grandiosi a volte, impacciati altrettante.
Ma fra tutti i personaggi biblici, i compagni dell'esilio sono i profeti. Spazzatori di illusioni, temprano il popolo per l'esilio. Loro, insieme al disincantato Qohelet e a Giobbe che non sopporta il silenzio. I profeti inveiscono e minacciano, ma sollevano speranze e lasciano intendere che la storia val la pena d'essere vissuta in prima persona. I veri compagni dell'esi-

lio sono loro, i profeti: alcuni hanno iniziato a cantare proprio a Babilonia, spinti dalla lontananza. Anche molti salmi nascono laggiù, come un lamento o come un inno al futuro, senza potere immaginare che quell'esilio in Oriente era destinato a durare poco o nulla, al confronto con un altro che qualche secolo dopo sarebbe proseguito per millenni.
Scacciati da Gerusalemme e dalla Terra Promessa, gli ebrei vanno ad abitare ai quattro angoli del mondo. Le prime comunità s'affacciano sul Mediterraneo dell'impero romano e a poco a poco risalgono verso il cuore dell'Europa, scendono a Oriente: arrivano sino in Cina, in India, nell'Asia centrale. Sbarcano nel Nuovo Mondo, scendono nell'America meridionale. Il tratto più evidente della Diaspora ebraica è la disseminazione: nel corso dei secoli gli ebrei si spostano continuamente, per lo più spinti da bandi, persecuzioni, qualche volta speranze. Ovunque vadano, per molti secoli una serie di restrizioni li accompagna: il divieto di possedere immobili, di toccare la merce al mercato, di abitare insieme agli altri. L'obbligo di portare un segno distintivo, di eserci-

tare il mestiere di prestatori. Il proverbiale attaccamento degli ebrei al denaro, infatti, non è la manifestazione di un vizio connaturato: è il lascito di una professione loro imposta per secoli, in Italia e altrove. Vi lasciamo risiedere fra noi – dicevano spesso prìncipi, duchi e vescovi – a patto che apriate un banco di prestito, su pegno o a usura, giacché noi cristiani non possiamo trarre profitto dal tempo, che appartiene al Signore. Fatelo voi!
Il denominatore comunque di queste imposizioni e dei tanti divieti è quello di far sì che gli ebrei restino a una qualche distanza, siano "confinati" e sempre riconoscibili. Tanto nella società cristiana quanto in quella islamica, i figli d'Israele vengono avvertiti come un corpo estraneo, tutt'al più da tollerare. Ma spesso capita anche che le comunità vengano espulse da un paese, da una città, da un territorio, e si rifugino altrove; capita che restino secoli e generazioni in un luogo, capita che vengano accolte in un altro per pochi anni, mesi magari. È tutto imprevedibile, nella storia della Diaspora, se non il senso di estraneità ed emarginazione. Che non significa sempre e soltanto

muta distanza, del resto. La storia della Diaspora, o meglio delle tante diaspore, è anche fatta di contatti, scambi, curiosità reciproche. La cultura ebraica è influenzata da quelle circostanti, e viceversa. Le abitudini alimentari si scambiano più facilmente di altre. Persino nel ghetto, il luogo di reclusione storica per eccellenza, si comunica con il mondo, soprattutto in un'Italia che se conta oggi un numero più che mai esiguo di ebrei, è d'altro canto costellata di giudecche, porte, vie degli ebrei: tracce urbane di una storia lunghissima, che copre dalla Sicilia al Veneto, dal Piemonte alle Puglie.

Ghetto, parola importante: viene da Venezia, dove nel 1516 agli ebrei è imposto di risiedere soltanto ed esclusivamente in quella zona detta appunto "gheto" o "getto", dove un tempo si trovava una vecchia fonderia. Ne ha fatta, di strada, questa parola partita da quelle case in laguna più alte delle altre perché per espandersi, quando si era in troppi, non restava altro da fare che tirare su un piano ancora di casa. E fra le abitazioni, dietro una finestra, di tanto in tanto si nasconde una sinagoga; a Venezia sono tante, ma tutte anonime dal di fuori, per non

urtare il passante “gentile”, cioè non ebreo: non dovevano ostentare alcun simbolo ebraico né lasciare udire voce di preghiera.
Altrove, nel passato, le sinagoghe sono quasi sempre così: case di legno, edifici anonimi, stanze d’abitazione. Questi luoghi di preghiera sono un po’ il simbolo della presenza ebraica nel mondo, tollerata e a volte comoda, ma il più discretamente possibile, nei limiti della riconoscibilità. Gli ebrei dovevano continuare a esistere, però al margine e in bilico. Al margine della società, in bilico fra sopravvivenza ed estinzione. Perché?
Perché erano diversi, estranei.
Perché, per i cristiani, si erano macchiati del peggior crimine che si potesse concepire: avevano messo in croce e ucciso Gesù, cioè Dio. L’accusa di deicidio è la costante dell’atteggiamento verso gli ebrei da parte della società europea cristianizzata. Tutto il popolo, di generazione in generazione, era considerato colpevole, macchiato di quell’infamia. Da questa percezione così ostile dell’ebreo – e priva di ogni evidenza storica o teologica – nascono trame di pregiudizi, di odi, di invenzioni. Come

quello secondo cui gli ebrei avrebbero bisogno di sangue cristiano per preparare il loro pane azzimo, calunnia costata tante cacce all'ebreo, tante fughe. Pensare che secondo le regole alimentari ebraiche il sangue di ogni animale è la cosa più immangiabile, e va tutto accuratamente rimosso sino all'ultima goccia prima di cucinare la carne!

Per l'antica teologia cristiana, gli ebrei dovevano sopravvivere in quanto testimoni "diretti" della passione di Gesù: con la loro lingua, la loro fede antiquata, erano considerati insomma alla stregua di una reliquia. Sopravvivere sì, ma anche scontare, di padre in figlio, la colpa di un delitto incomparabile: quello di non aver riconosciuto il Messia e di aver condannato a morte il figlio di Dio.

Colpevoli in modo irreparabile e ostinati nel non aderire alla vera fede: così per lo più erano percepiti gli ebrei dal mondo esterno.

Non c'è nessuna pretesa di completezza o di esaustività, in queste mie frasi e spiegazioni – di fronte alle quali, bambini miei, stanno secoli e millenni di storia, vissuti un po' dappertutto nel mondo. Ma è che tracciare la storia degli ebrei è sempre un po' difficile, perché il "dove" e il "quando" puntualmente si confondono. Ogni tentativo diventa per forza un'approssimazione, mentre qui non cerchiamo altro che di capire un poco come gli ebrei abbiano guardato e guardino oggi al proprio passato, nei suoi tratti fondamentali.

A proposito, ecco come si misura lo sguardo sul tempo: in ebraico vi è una parola che la dice lunga al proposito. È *qedem*, che significa molte cose insieme – ma soprattutto "prima" o "anticamente" e "davanti" o "di fronte". Ad associare il significato temporale a quello spaziale, risulta che l'uomo guarda in faccia il passato e ha il futuro alle spalle – al contrario di come lo si immagina ad esempio in italiano, dove si ha il viso rivolto al futuro e le spalle verso il passato. In ebraico è il passato che vediamo e si presenta davanti a noi, mentre il futuro ci è del tutto ignoto, e sta in un certo senso "dietro".

È un modo originale per stare dentro il tempo, ma a ben guardare ha una sua logica: certo non conosciamo tutto del passato, ma indubbiamente ne sappiamo più di quanto non possia-

mo sapere su quel che ha ancora da venire. E così, anche ora stiamo provando a guardare un poco indietro, cioè davanti...
A quei secoli di convivenza fra ebraismo e resto del mondo, fatti di diversità ed esclusione, di cacciate ed emarginazioni, ma anche di contatti e scambi. Come, ad esempio, nella Spagna del XV e del XVI secolo, dove si vide la famigerata campagna di "limpidezza del sangue", una sorta di epurazione etnica tesa a rendere il paese omogeneo nella sua cristianità, eliminando ogni traccia di quella composita civiltà mozarabica che aveva preceduto la cosiddetta riconquista cattolica ad opera di Isabella di Castiglia e Ferdinando di Aragona. Qui il 1492 non è soltanto l'anno mirabile ed epico della scoperta delle Americhe, bensì anche quello in cui centinaia di migliaia (pare) di ebrei, abitanti nella penisola iberica sin dall'epoca antica, vennero posti di fronte al dilemma: o battesimo o espulsione. Molti si convertirono a forza, dando origine a quell'identità tormentata e incerta detta dei marrani (esteriormente cristiani ma in segreto ancora ebrei, di generazione in generazione, pur avendo per-

so ogni contatto con l'identità ebraica. Pensate che ancora un centinaio di anni fa uno studioso trovò nelle campagne del Portogallo dei contadini che borbottavano preghiere in un ebraico incerto, che praticavano ancora certi riti retaggio di quel tempo, consci com'erano di tale lontana ascendenza. Ebbene, fu difficile convincerli che ormai si poteva essere ebrei apertamente, che nel mondo c'erano ebrei che praticavano il culto, si dichiaravano tali, eccetera eccetera. Credevano che si potesse essere ebrei soltanto così, in segreto...).
Ma la maggioranza partì, lasciando la Spagna. E si diresse a Costantinopoli e Salonicco, Genova e Venezia, in Marocco e nelle Americhe, in tanti altri luoghi che li accolsero, più o meno benevolmente. Erano questi gli ebrei sefarditi (in ebraico Spagna si dice "Sefarad", che è comunque un nome già biblico, seppure difficile da attribuire a una precisa zona geografica in quel tempo lontano). Ancora oggi qualcuno di loro parla il ladino, un antico miscuglio di ebraico e spagnolo.
Poi ci sono gli ashkenaziti: Ashkenaz vuol dire Germania, e anche questo nome ha una storia

simile a quella di Sefarad. Ad ogni modo, gli ashkenaziti sono gli ebrei che abitano, più o meno da sempre, nell'Europa centrosettentrionale e orientale – Germania, Polonia, Ungheria, Russia, eccetera eccetera. A loro si deve l'invenzione dello yiddish, un insieme di tedesco, lingue slave, ebraico, e altro, in cui si espressero un mondo e una letteratura. Oggi forse il luogo dove più si parla yiddish è New York, dove fra la fine dell'Ottocento e gli anni Venti del successivo affluirono milioni di immigrati dall'Europa, in fuga dai pogrom, dalle persecuzioni, dalla fame. In yiddish hanno scritto in tanti: Isaac B. Singer è forse il nome più celebre. In yiddish esiste una letteratura antica, esistono opere teatrali e canzoni, esisteva un florido giornalismo: una civiltà vera e propria. A Primo Levi, ad Auschwitz, qualcuno disse: "Non puoi essere ebreo, perché non parli né l'ebraico né lo yiddish." Per gli ebrei ashkenaziti era quasi impossibile essere ebrei e non esprimersi in quella che è – come dice il suo nome – la lingua degli ebrei...
E invece gli ebrei italiani non sono né sefarditi né ashkenaziti. Persino il loro rito non rientra

in queste due grandi categorie, ma è detto per l'appunto "italiano". Hanno una storia lunghissima, senza pari per continuità, sono pochissimi da sempre, e nutrono verso il paese nel quale vivono da molti secoli un senso di appartenenza profonda, seppure controversa. Ma torneremo ancora qui, a cercare di capire qualcosa, di questo radicamento che è la consapevolezza di quanto l'identità di ognuno di noi sia composita e multiforme, mai univoca.
Eppure non finisce ancora, lo spettro dell'essere ebrei nel mondo – sefarditi, ashkenaziti, italiani – e orientali, in un senso vago e assai comprensivo: ebrei neri d'Etiopia, detti *falascià* (quanto a loro, si definiscono Beta Israel, semplicemente "figli d'Israele"), ebrei iraniani e yemeniti, ebrei indiani ed ebrei cinesi. Le facce sono tante e anche i colori sono tanti, pronti a smentire quel pregiudizio tanto falso quanto duro a morire secondo cui gli ebrei sarebbero una razza. Nulla di più sbagliato! Infatti, quando si entra nel museo della Diaspora di Tel Aviv – è in cima a una collina, dentro il campus dell'università, e si chiama appunto *Bet Hatefutsot*, "casa della Dispersione" –, per prima

cosa si trova un grande pannello sul quale vengono proiettate facce di ebrei del mondo: uomini e donne, vecchi e giovani. Sono così diverse, e potete fermarvi a lungo davanti a quella sequenza senza vederne due che si assomiglino, nemmeno alla lontana. Perché gli ebrei non sono una razza, bensì un popolo che la storia ha sparpagliato per il mondo.
Più che un popolo, forse val meglio dire: una catena di generazioni, in cui ogni individuo – di qualunque colore sia... – rappresenta un anello, piccolo ma indispensabile per la continuità. Ma ancora una volta, ciò che vi racconto non sono certezze, piuttosto impressioni di vita e lettura.
Torniamo allora a guardare negli occhi il passato e cercare di capire che cosa ha significato la Diaspora, per il cuore e la coscienza degli ebrei. A proposito, vi è una parola ebraica che la dice, esattamente come in italiano: *galut*. Galut è il contrario di "terra d'Israele". Si vive nella Diaspora o fuori dalla Diaspora – e fuori dalla Diaspora significa una cosa soltanto: in Terra Promessa.
Allontanati da quella terra nel 70 d.C., per

provvedimento dell'impero romano, gli ebrei non hanno smesso di pensarla. Il dominio romano in Palestina aveva deciso di estirparne la popolazione, che si era dimostrata tanto riottosa e difficile da soggiogare: la conquista totale e l'"epurazione" del paese furono un processo lungo e faticoso anche per il possente esercito romano, come risulta dall'episodio più significativo di tutti, a parte l'incendio di Gerusalemme e la distruzione del Tempio. Qualche anno dopo, infatti, un manipolo di resistenti si era asserragliato in cima alla rocca di Masada, un'altura affacciata sul Mar Morto dove Erode il grande aveva nel 40 a.C. costruito una sontuosa fortezza. E qui tutti si diedero la morte, nel 73 d.C., pur di non arrendersi ai romani che a lungo assediarono il posto. L'episodio è raccontato, con perizia e commozione, dallo storico Giuseppe Flavio (vissuto fra il I e il II secolo), e mille anni dopo circa iniziarono sul sito degli scavi che riportarono alla luce proprio quella realtà che egli aveva descritto nella sua opera *La guerra giudaica*.

Chiusa la stagione politica della storia ebraica,

quel tempo fatto di re e sovranità nazionale, il popolo ebraico imbocca dunque la via della Diaspora – attraverso la quale, fra il resto, si diffuse il primo cristianesimo, filtrato in Europa tramite le comunità di ebrei. Una presenza ebraica, dimessa e taciturna, non abbandonerà mai però la terra d'Israele e in particolare Gerusalemme. Gli altri ebrei si stanziano invece nel mondo con un senso di sospensione che nulla meglio del rito pasquale ci spiega. Terminata la lettura della *haggadah* con il racconto dell'Esodo, consumato il pasto festivo, scandite le canzoni tradizionali, la celebrazione si chiude da sempre con un augurio, una speranza per tutti:
"Quest'anno siamo qui, l'anno prossimo a Gerusalemme..."
Anche questo ha tenuto in vita gli ebrei: il pensiero che la provvisorietà non era soltanto l'essere avvertiti come estranei dal resto del mondo, il sentirsi vulnerabili di fronte alle difficoltà della storia. Era anche la speranza di un ritorno a casa, prima o poi. E intanto gli anni, i secoli passavano. Ma, come si sa, la speranza è l'ultima a morire, e nel caso degli ebrei è stata

una medicina miracolosa che ha tenuto in vita uomini, donne e parole. Insieme a questa speranza, o meglio a una certezza nutrita dalla capacità di aspettare, gli ebrei sono sopravvissuti. Con tenacia e con pazienza. Oggi siamo qui, ma domani saremo là. Lassù: in ebraico si dice "salire" in terra d'Israele, e "scendere" quando la si lascia o si parte soltanto. Lassù salirono nei secoli poeti e rabbini, viaggiatori e medici, in un pellegrinaggio delle gambe e del cuore, come a rinfrescarsi la memoria.
Ma è altrettanto vero che la Terra Promessa è presenza costante nella vita quotidiana, nella preghiera di tutti i giorni, nello scandirsi delle feste. Con la Diaspora, gli ebrei vanno ad abitare il tempo, guardando verso la Terra Promessa: essa è il riferimento costante, nella geografia e nella storia: verso oriente si dispone in sinagoga l'arca, l'armadio che contiene i rotoli della Torah. E si guarda in faccia quella storia remota raccontata nella Bibbia: i veri compagni di vita della Diaspora sono Abramo e Mosè, Elia e Betsabea, la Sulamite del Cantico e Salomone con la sua sconfinata sapienza. Queste e altre figure non sono modelli, bensì

“confidenti”, presenze vive. Re e profeti, matriarche e condottieri vanno e vengono dalle fiabe ebraiche, compaiono nella preghiera, dialogano con il presente come se li avessimo fra le mura di casa, nell’aula di scuola. In questo senso gli ebrei hanno abitato il tempo, il loro tempo e quello della Bibbia.

Il centro del tempo e dello spazio è la Terra Promessa. Qui, secondo la tradizione, s’avvia la creazione, che Dio produce partendo dalla cosiddetta pietra di fondamento (sepolta sotto strati di millenni e di terra, nel punto in cui un tempo sorgeva il Santuario, sul monte), con un moto di cerchi concentrici come quando tiri un sassolino nell’acqua quieta e questa s’increspa. Qui si svolge la storia antica della Bibbia, a questo posto appartiene il popolo ebraico, esiliato come per sbaglio. È vigoroso questo senso di reciproca appartenenza alla terra d’Israele, vigoroso al punto che nel Talmud (il grande codice della tradizione ebraica) troviamo una quantità di norme agricole formulate per un popolo che non ha più terra da coltivare e per una terra dove non abita più – secondo il suo clima e le sue stagioni. Queste parole servirono proprio a tenere viva la speranza e la consapevolezza che prima o poi si sarebbe tornati. E a spiegarci che il legame con la terra d'Israele non è mai diventato una memoria remota, sfumata: è rimasto sempre, invece, respiro vivente, quasi che con una certa parte di sé gli ebrei avessero continuato ad abitarla anche dopo il 70 d.C.

Senza contare che una comunità, per quanto esigua, fu sempre presente in quel luogo così importante. Non dimenticare la terra d'Israele è sempre stato un imperativo categorico!

Per questo il sionismo in fondo non ha inventato nulla di nuovo: questo movimento risorgimentale nato alla fine dell'Ottocento prende il nome dal Monte di Sion, uno dei colli di Gerusalemme cantato con nostalgia nei Salmi. Nuova è la dimensione politica di questa aspirazione, la consapevolezza di dovere entrare nei giochi del presente con le armi della modernità, della diplomazia, del progresso. "Se lo volete, non sarà un sogno," dichiara Theodor Herzl, il fondatore del movimento, al primo congresso sionista.

Nato in una famiglia di ebrei integrati, cresciuto secondo i più moderni valori dell'Europa dell'Ottocento, Herzl si avvia a una brillante carriera giornalistica, ma ben presto, con una folgorazione dolorosa, capisce che la strada dell'assimilazione è per gli ebrei un vicolo cieco. A farglielo capire è il processo ad Alfred Dreyfus (1859-1935), che scuote la Francia ma in fondo non dice agli ebrei nulla di nuovo: è l'ennesimo caso conclamato di antisemitismo. L'antisemitismo è l'odio, il disprezzo per gli ebrei. È l'idea, a volte aggressiva e a volte strisciante, che tutto sommato se al mondo non ci fossero gli ebrei il mondo sarebbe migliore. Ha molte facce e infinite sfumature, questo odio – ma soprattutto altrettante manifestazioni: teologiche e razziste, sociali e intellettuali. Come quando si dice "è simpatico, anche se è ebreo...", "io non sono antisemita, però certo che questi ebrei sono proprio dappertutto".

L'antisemitismo è il pensiero che gli ebrei abbiano sempre qualcosa da nascondere, mostrino una facciata che non corrisponde alle loro vere intenzioni. L'antisemitismo è dare la colpa agli ebrei di tutto, delle cose più dispara-

te, dei mali del mondo e dei propri. È il pensare che, oltre a una storia, un'identità religiosa, li leghi insieme una trama ostile volta a capovolgere le sorti del mondo e dominarlo...
È un sentimento antico che trova il suo fondamento nel disprezzo per la diversità ebraica, per la sopravvivenza ebraica, per l'ostinazione a essere del popolo d'Israele, e si collega senza soluzione di continuità all'odio teologico verso il popolo deicida cui accennavo per sommi capi, qualche pagina fa.
Ma torniamo al nostro Theodor Herzl, in un'Europa moderna e liberale, tollerante e aperta. Dove però gli ebrei continuavano a essere oggetto di diffidenza e restrizioni, di odi e pregiudizi, di vere e proprie persecuzioni. La sua grande intuizione di ebreo integrato in una confortevole esistenza, fu quella che l'antisemitismo era un male inguaribile e l'assimilazione degli ebrei in Europa un'utopia irrealizzabile: sarebbero sempre rimasti degli estranei. Questo gli insegnò il processo all'ufficiale francese vittima di una vera e propria congiura per il solo fatto di essere un ebreo. Fedele al suo paese, la Francia, sino all'ultimo. Ma ebreo.

Herzl decise allora che l'unica soluzione restava per gli ebrei quella di diventare "un popolo come gli altri", cioè dotato di un territorio su cui abitare ed esercitare la propria sovranità, in autonomia politica e di coscienza. Su questo terreno di idee il movimento sionista crebbe, si organizzò, lavorò alla creazione di una società, in terra d'Israele, prima ancora che di una nazione. E nel maggio del 1948, alla vigilia della dichiarazione d'indipendenza del rinato stato d'Israele, in quel paese già esistevano scuole, servizi postali, trasporti, fabbriche, comuni agricole ebraiche. Esisteva insomma un mondo vivo di ebrei, una società consolidata e intraprendente, composta da profughi dall'Europa, da sopravvissuti alla Shoah, da pionieri decisi a tornare alla terra e ai lavori agricoli che secoli di storia avevano negato al popolo d'Israele (quasi ovunque nella Diaspora vigeva per loro il divieto di possedere terreni e case), da studiosi e cabbalisti, filosofi e scienziati. Lo stato d'Israele, insomma, non nasce come velleità dell'ultimo momento, sulla scorta di un testo vecchio e ormai scaduto. È invece lo specchio di una realtà foggiata e cresciuta nel corso di alcune generazioni, sulla scorta di un moto nazionale non dissimile da quello che ha condotto all'unità d'Italia. È il risultato dunque del risorgimento ebraico. E sin dalle origini non ha mai messo in discussione la convivenza con le altre popolazioni della regione: la mozione ONU del novembre del 1947 postulava la nascita di due stati, uno ebraico e l'altro arabo, nella Palestina donde il governo mandatario britannico – insediatosi all'indomani della prima guerra mondiale e alla fine di un lungo dominio turco – stava per congedarsi. A questa mozione le autorità ebraiche risposero "sì!", mentre tutto il fronte arabo rifiutò recisamente. Il conflitto arabo israeliano nasce quel giorno. Non che prima fossero rose e fiori; di scontri se n'erano visti, ma non con la radicalità che oppose da quel momento i due schieramenti – da una parte Israele, un paese grande poco più di una regione italiana, e dall'altra il mondo arabo. Sotto il mandato britannico e prima ancora nei secoli di opprimente dominazione turca, ebrei e arabi di Palestina si erano considerati, insieme, sudditi di una domi-

nazione straniera. Il rifiuto arabo a riconoscere lo stato d'Israele è la radice del conflitto. Ma è inevitabile che i due popoli imparino a convivere e a rispettarsi reciprocamente, prima o poi, su quella terra piccola, dove si sta stretti e lo spazio basta soltanto se ci si sopporta a vicenda.
Quante cose sarebbero ancora da dire, da raccontare, da spiegare, bambini miei. Pagine e volumi, un susseguirsi di punti di domanda e almeno di altrettante risposte, dubbi, idee. Questa pagina di storia si tramuta in cronaca, in notizie sui giornali e alla televisione: la storia la viviamo tutti noi, è un libro aperto dagli esiti imprevedibili.
Ma prima di passare ad altre cose che ancora vorrei dirvi, prima di chiudere provvisoriamente questa pagina di storia, ancora qualche parola su un'altra pagina che si è aperta nel mondo come una voragine nera e che non bisogna chiudere né dimenticare, per non rivedere quell'orrore.
Per spiegare la Shoah, però, le parole mancano. Sfuggono come il fumo rincorre il primo alito di vento. Sapeste da quanto tempo le cer-

co, queste parole. La memoria torna indietro negli anni, giunge sino all'infanzia più remota, quando tutto è ancora una specie di sogno che sorride: già allora cercavo quelle parole, e forse le cercavo ancor prima di venire al mondo, dentro la pancia calda della mia mamma.

Quelle parole che cercavo e ancora cerco e che irrimediabilmente anche voi cercherete invano perché come una specie di testamento avete impresso questo comando nelle fibre del cuore, furono dapprima silenzio. La quiete di un mondo sereno e pacifico tutt'intorno, un mondo dove le guerre e le ingiustizie paiono lontane, irraggiungibili. La fortuna d'essere nata "dopo l'ultima guerra mondiale", in un'Italia risorta dalle ceneri del fascismo, un'Italia ansiosa di benessere e civiltà. Questo fu il silenzio nella mia infanzia e anche dopo, quando si cresce, si studia e si lavora per diventare "persone" e tali restare per la vita. Persone e non numeri. Persone e non carne da macello. Persone e non subumani alla voce "soluzione finale". Persone e non pasto per le camere a gas. Persone e non fumo per le ciminiere.

Ma a poco a poco, dietro quel silenzio che non

stento a chiamare felicità, mia e delle persone che mi stavano intorno – una felicità composta di quiete e benessere, di fiducia nel futuro e voglia di corrergli incontro, al futuro –, a poco a poco dietro quel silenzio s'è intravisto qualcosa. Ombre. Parole monche. Voci di ricordi lontani.

I vostri nonni, bambini miei, hanno incominciato a raccontare. Di un mondo così diverso da sembrare improbabile. Un mondo dove esistevano delle leggi per la difesa della razza – quella razza umana che le parole del grande Einstein ebbero a sfatare con la saggezza di chi ha molto capito. Un mondo dove certi bambini non potevano andare a scuola perché la "razza" negava loro il banco, e per lo stesso motivo non potevano salire sul tram, ascoltare la radio, entrare in un negozio. Un mondo dove delle leggi dicevano ad alta voce che gli uomini e le donne non sono tutti eguali, anzi: ve ne sono alcuni, di uomini e donne, che per la salute di tutti gli altri è necessario tenere in disparte, emarginare, rinchiudere.

In quel mondo scoppiò la guerra. E per quegli uomini e donne diversi dagli altri perché così

dicevano le leggi razziali emanate nel 1938, la guerra non fu soltanto quel che è la guerra per ogni membro della razza umana che non sia al fronte con il fucile in spalla: paura, fragori di bombe, ancora paura e incertezza. Per quegli uomini e quelle donne e quei bambini la guerra fu anche cancellazione: se prima erano stati emarginati, tenuti distanti dagli altri perché considerati inferiori, ora i signori della guerra avevano deciso che questa gente faceva meglio a scomparire dalla faccia della terra.
Era la cosiddetta "soluzione finale del problema ebraico". Lo sterminio di un popolo, una gente, una "razza", per usare il frasario di quei signori della guerra, considerata inferiore al punto da non essere degna di vivere, o meglio di esistere. Cancellare. Sterminare. Uomini donne e bambini che non avevano altra colpa se non quella di esistere.
E così la guerra, in Europa, divenne per questi milioni di persone non soltanto il dramma che è sempre vivere una guerra – la paura e la morte che ti stanno accanto, il fuoco e le bombe e l'incertezza. Fu anche qualche cosa d'altro: furono i ghetti disseminati per l'Europa nazista

dove gli ebrei vennero rinchiusi in anticamera di morte. Furono i campi di lavoro e quelli di sterminio, le corse nudi verso la camera a gas a Treblinka. Furono le fosse comuni nei boschi dell'Europa occupata dai tedeschi, strati su strati di cadaveri e calce. Furono i laboratori del dottor Mengele, i numeri tatuati sul braccio dei prigionieri – "subumani" tenuti in vita quel tanto che bastava per soffrire.
Fu la Shoah, parola ebraica che significa semplicemente "catastrofe", e che a differenza di Olocausto – termine biblico usato per indicare una forma di sacrificio rituale – non ha nessuna valenza religiosa. "Catastrofe" significa un milione e mezzo di bambini finiti in fumo dentro i forni crematori, morti per fame e dolori, fucilati, uccisi a calci, sbattuti contro il filo spinato. Eliminati per il solo fatto che esistevano e in quanto ebrei non avevano più diritto a esistere.
Un edificio memoriale li ricorda: sta in cima a uno degli innumerevoli colli di Gerusalemme. S'entra, ed è un corridoio buio in cui va perduto ogni orientamento, si sta come sospesi nel buio e poi, dopo un istante che pare eterno, quando quel buio ti è entrato dentro, vedi le

lucine: un'infinità di lucciole giallognole, le senti tutt'intorno più che vederle, e dopo aver sentito le luci t'accorgi anche della voce. È una voce fuori campo, senza spazio, una voce registrata che declina i nomi di quei bambini, nome e cognome e data di nascita. Non sono tutti, non sono un milione e mezzo di nomi perché molti bambini sono finiti in fumo senza lasciarci nemmeno il loro nome per ricordo. Ma sono lo stesso talmente tanti che quella voce, che scandisce senza sosta, giorno e notte per tutti i giorni, ci mette circa due anni a dirli tutti. E poi ricomincia.
Ecco, bambini miei, di che cosa era fatto quel silenzio che abitava la mia infanzia di figlia di sopravvissuti, nata all'indomani della guerra e della Shoah. Ma siamo tutti figli di sopravvissuti, bambini miei: noi, discendenti di ebrei emarginati, rinchiusi nei ghetti, deportati e uccisi. Noi e con noi, accanto a noi, tutti gli altri. Il mondo intero che vide, udì, combatté o collaborò: siamo tutti sopravvissuti a questa catastrofe che abitava nel silenzio beato della mia infanzia, che abita ancora dietro il vostro benessere di oggi. I nomi di quei bambini sono

voce di silenzio, sono ciò che i vostri nonni hanno raccontato faticosamente, con parole a volte avare perché per sopravvivere, dopo aver visto e sofferto, l'unica ricetta era provare a tacere su quell'orrore, buttarselo alle spalle e tentare di dimenticare. I nomi di quei bambini sono le parole che cerco e che non trovo, affidando a voi questa vana ricerca perché a poco a poco il tempo passa, i testimoni se ne vanno, il ricordo sbiadisce e le generazioni trascorrono. Le parole che non trovo sono quelle per spiegarvi ciò che è successo e che nessuno potrà mai spiegare: la Shoah non ha ragione, non c'è logica che le stia al passo, non ci sono parole per descriverla, non c'è traccia per provare a condividere quel che i nostri nonni e genitori hanno visto, sentito, patito.

Non ci resta che ascoltare il ricordo così come s'ascolta quella voce nel buio, sapendo che né io né voi troveremo mai più le parole per descrivere, e che ai vostri figli e ai loro figli affideremo insieme, io e voi, un tenue filo di memoria. L'unico antidoto perché ciò che è accaduto non accada più, ha detto Primo Levi. Ma ormai, il suo silenzio è una fitta che fa male da morire.

Come?

La memoria e la speranza

Aspettare. Con pazienza e inguaribile tenacia. Questa è la ricetta ebraica per la sopravvivenza. L'attesa tiene insieme le parole e i sentimenti, le opere e i giorni. L'attesa di tornare in Terra Promessa, scandita nella preghiera quotidiana e nei momenti più solenni dell'anno. L'attesa del Messia che prima o poi verrà a mutare il cammino del mondo e a portare in terra il cosiddetto "mondo a venire", dove tutto sarà diverso da prima. "Messia" in ebraico significa soltanto "unto". L'unto era anticamente colui che veniva investito di un'autorità particolare: re, sacerdote, condottiero. Ad avallo dell'incarico, vi era infatti una cerimonia che prevedeva l'aspersione di olio d'oliva sulla testa, con un gesto che partendo dall'alto (l'ampolla veniva sollevata sul capo), congiungeva simbolicamente cielo e terra. I re d'Israele sono unti, prima di salire al trono. L'"unto", *mashiach*, è nella Bibbia una figura dai contorni vaghi, che in un futuro per ora inimmaginabile verrà a rimuovere i malanni dal mondo. E sarà di stirpe davidica, pronipote insomma del grande re. L'attesa di questo personaggio misterioso si fa più trepidante che mai nei momenti d'angoscia, d'incertezza, di vero e proprio tormento. L'attesa del Messia divenne poi lo spartiacque fra chi si convinse che era arrivato con Gesù e chi non riconobbe in Gesù i tratti della figura annunciata nella Bibbia e nella tradizione dell'ebraismo. L'attesa del Messia divenne, nella vita della Diaspora, una compagna di vita. "Credo nella sua venuta" è un dogma scandito quotidianamente, con fermezza e speranza. Gli ebrei lo attendono ancora, qualche volta nella storia si sono illusi che fosse passato come un vento di bufera – fra i tanti, ecco il caso dello pseudomessia Shabbatay Zevi e la sua avventura turbolenta –, ma il mondo ancora non assomiglia affatto a quello che l'era messianica prospetta.

Il Messia verrà, preceduto dal profeta Elia – che nella Bibbia sale in cielo sopra un carro di fuoco –, ad annunciare la rivoluzione dei tempi. Da allora in poi, tutto cambierà e sarà la redenzione in terra, la resurrezione dei morti, la sconfitta definitiva del male. Speriamo, bambini miei... Il Messia per ora incarna le speranze, la non rassegnazione all'ingiustizia, l'incomprensibilità dell'operato divino, come se il mondo fosse ancora in prova – prodotto imperfetto destinato a migliorarsi.

Quanto al futuro che verrà dopo il Messia, non ci è dato immaginarlo se non pensando che sarà assai diverso da ciò che è ora, incomparabile alla nostra realtà. Per ora, dice la tradizione ebraica, dobbiamo accontentarci di aspettarlo e goderne il pallido riflesso così come si prospetta nel Sabato ebraico, giorno di riposo e gioia. Nel mondo a venire, dicono i nostri maestri, ogni giorno sarà come un grande Sabato!

Già, il Sabato. Uno dei pilastri dell'ebraismo. A ben pensarci, infatti, una delle invenzioni più solide e durature della Bibbia, oltre al monoteismo... è la settimana: questo ciclo a misura

d'uomo composto di sei giorni più o meno uguali fra loro, scanditi dal lavoro e dall'impegno, più uno tutto diverso, in cui si vive diversamente. Per i cristiani quel giorno è la domenica, per gli islamici il venerdì, ma il concetto è in fondo lo stesso. Secondo gli ebrei la settimana inizia di domenica (che in ebraico è chiamata "primo giorno", come il lunedì "secondo giorno" e così via sino al venerdì) e termina il sabato. Sabato viene da *Shabbat* e *shabbat* viene da una parola ebraica che significa: "riposare", "star seduti", "smettere" e persino "scioperare"... Dio fece il mondo in sei giorni, ogni cosa a suo tempo in bell'ordine. Poi, il settimo si riposò. A memoria e rispetto di quest'ozio divino, all'uomo è imposto (anche nei comandamenti) di non lavorare il settimo giorno.
A proposito, sapete perché il Sabato ebraico inizia al tramonto del venerdì? Facile. Perché ogni giorno ebraico inizia alla sera e finisce alla sera, e non all'alba. Perché? Incalza la domanda. Facile anche questa risposta! Perché nella Bibbia, proprio all'inizio, sta scritto: "E fu sera, e fu mattina: il primo giorno." Questo è l'ordine del tempo: prima viene la sera e poi

viene la mattina, e così si compone il giorno ebraico.
Così, alla sera del venerdì "entra" il Sabato ebraico, che è femminile e viene raffigurato come una sposa felice e un po' commossa. Per le ventiquattro ore successive, gli ebrei osservanti non compiono alcun "lavoro". E con ciò s'intenda non soltanto l'andare in ufficio, stare dietro il banco, fare insomma il proprio mestiere. Per l'ebraismo è "lavoro" tutto ciò che modifica lo stato naturale delle cose, e che il Sabato va evitato in ossequio al riposo divino: anche accendere un fuoco, ad esempio, e di conseguenza innescare un circuito elettrico – accendere o spegnere la luce. Sono molti i divieti sabbatici rispettati dagli ebrei osservanti – che di Sabato non viaggiano in automobile, non salgono in ascensore, non spostano oggetti... –, ma ogni cosa nella tradizione ebraica ha un suo significato, e ogni ebreo ortodosso saprà spiegarvi perché non fa questo e non fa quello, godendosi il riposo sabbatico, guardando il mondo e leggendo o semplicemente pensando.
Sì, è proprio così: il primo precetto che l'ebrai-

smo impone è quello di sapere spiegare. Nessun divieto, nessun comando viene impartito senza un senso. Tutto trova una sua ragione e spesso più d'una, come a dirci innanzitutto che la vita non è una cosa insulsa e che bisogna sempre domandarsi il perché.
Perché l'ebraismo si fonda su due cose che vengono prima delle abitudini, delle apparenze, della diversità: la Legge e lo studio. Insieme queste due cose costruiscono la tradizione. Vediamo di dire qualche parola, su queste parole così importanti.
"Legge": ebbene, non è una traduzione pienamente calzante. In ebraico si dice *Torah*. La Torah significa tante cose insieme. Innanzitutto sono i primi cinque libri della Bibbia, che in italiano vengono detti Pentateuco. Sono i più ispirati da Dio, che secondo i credenti li ha dettati, parola per parola, a Mosè sul Sinai. Ma in ebraico Torah può anche significare, per esteso, tutta la Bibbia, cioè Pentateuco, Profeti e Agiografi (il Nuovo Testamento, cioè i Vangeli e le Lettere degli Apostoli, non è compreso nella Bibbia ebraica). Ma Torah significa anche e soprattutto "insegnamento", o meglio alla

lettera significa "cosa gettata"...: l'insegnamento è in fondo un dare e ricevere, un passarsi di mano, magari anche un po' bruscamente...
Vi parlavo prima della catena che raffigura il popolo ebraico, di generazione in generazione, anello dopo anello: ricordate? Certo che ricordate, perché nell'ebraismo ricordare è molto importante! Ma vi è un'altra catena, nell'ebraismo, non meno importante, non meno né più reale di quella. È la catena della tradizione, che funziona più o meno così: Mosè ricevette la Torah da Dio sul Sinai, la passò a Giosuè, "Giosuè la trasmise agli anziani, gli anziani ai profeti, i profeti la trasmisero agli uomini della grande assemblea...", e così all'infinito, dal Sinedrio (la grande assemblea) ai rabbini, dai rabbini ai maestri successivi, dai maestri ai rabbini. A proposito, "rabbino" significa infatti "colui che molto sa e ti insegna". Il rabbino non è un sacerdote o un prete, bensì un maestro.
Perduta la propria terra e costretti all'esilio, gli ebrei decisero di abitare il tempo, sì, come vi ho detto. E i libri. In particolare il Libro, cioè la Bibbia. Questa divenne il loro territorio di

vita, fede e pensiero: "Suscitate molti discepoli e fate una siepe intorno alla Torah," dice un antico testo. Dal momento che non avevano più una terra da difendere, gli ebrei decisero di difendere il proprio libro, di fortificarlo con una siepe di parole e pensieri, di preservare questo patrimonio, sì da potercisi aggrappare e tenersi saldi. La Torah divenne l'eredità da trasmettere ai propri figli, di generazione in generazione, il centro intorno al quale far ruotare la propria vita.

Ma come si fa a vivere intorno, sopra a un libro, per quanto sacro? La risposta è più facile di quanto non possiate immaginare, bambini miei. Con lo studio, la ripetizione. Questo è la tradizione ebraica, né più né meno: un vasto insieme di testi che sono parole a fianco della Torah, della Bibbia. Sono ricerca e commento, esplorazione dei passi, delle parole, delle lettere che compongono il testo, ma anche e soprattutto degli spazi bianchi compresi fra le righe, i versetti, i tratti d'inchiostro. Ma nulla meglio delle parole racconta la tradizione ebraica. Vediamone alcune.

C'è *midrash*, innanzitutto, che è il metodo d'indagine per scoprire, capire, spiegare. Viene da una radice che in ebraico significa per l'appunto "chiedere", "ricercare". Il *midrash* è il procedimento di interrogazione con cui ci si accosta alla parola biblica, per capire che cosa racconta e che cosa impartisce. Due sono infatti le strade: la *aggadah* che è l'apologo, la storia, e la *halakhah* (viene da un verbo che significa "camminare"), e riguarda invece tutti gli aspetti legali, giuridici. Non dimentichiamo infatti che la Torah è Legge: è cioè un codice di comportamento che Dio ha imposto all'uomo, dove fra le tante cose è anche detto "onora il padre e la madre", "ama il prossimo tuo come te stesso" "osserva il giorno di Sabato"... oltre a una serie di norme assai più minuziose, che trovate soprattutto negli ultimi tre libri della Torah, cioè Levitico, Numeri e Deuteronomio. Chi è osservante si attiene scrupolosamente a ciò che la Bibbia comanda nella sua prosa succinta, e a ciò che i maestri della tradizione hanno ricavato, in fatto di leggi – cioè obblighi e divieti – dalla lettura della Torah.

Poi viene la parola *Mishnah* – è una bella parola, secondo me, che racconta molte cose. Viene dalla stessa radice che significa "anno", e "ripetizione", come a dirci che il tempo è un ciclo e che spesso ciò che è già avvenuto torna, proprio come le stagioni. *Mishnah* significa propriamente "ripetizione", ed è il primo codice lasciato dai maestri: una specie di verbale delle loro lezioni e discussioni intorno alla Bibbia, per cercare di capire, di dare un senso. Lo studio è prima di tutto "ripetizione", ma una ripetizione non monotona e sempre uguale a se stessa; capace invece, nel tornare a ciò che s'è già visto, di trovarvi sempre qualcosa di nuovo, di interessante.

Sulla Mishnah, un testo breve, lapidario, si è poi innestato il Talmud, che è come un commento al commento, il frutto di altre generazioni di maestri e del loro studio. Questo significa, per l'appunto, la parola *talmud*: "studio", da una radice verbale che in ebraico può indicare tanto "insegnare" quanto "apprendere", a dirci che il rapporto fra discepolo e maestro è di scambio, che in fondo si è al mondo per impartire e imparare, sempre. Un saggio ha detto infatti, molto tempo fa, più o meno così: "Ho imparato tanto dai miei maestri, ma nulla

al confronto di quel che i miei studenti mi hanno insegnato..." Il Talmud, composto dunque di Mishnah e di *Ghemarah* (viene da una parola che indica "conclusione", ed è nel testo talmudico il commento al passo precedente, della Mishnah), si conclude nella sua forma attuale verso il 500 d.C. Di Talmud ve ne sono in realtà due: uno, un po' più antico e incompleto, detto di Gerusalemme. Quello per antonomasia, il testo cioè di riferimento, è detto "babilonese", perché fu redatto nelle accademie di quella regione.
Apritene una pagina, e salta all'occhio la sua natura composita, anche a chi non capisce né legge l'ebraico (e l'aramaico, l'altra lingua, simile all'ebraico, in cui è stato scritto): le colonne di parole si inseguono, si accostano l'una all'altra in una serie infinita di rimandi e connessioni. Il Talmud svela anche visivamente la sua natura di testo "incompiuto", cioè aperto: è un vero e proprio racconto del dialogo che la tradizione (maestri e discepoli, discepoli e maestri, ricordate?) ha costruito, dove nulla è mai concluso del tutto, le opinioni si susseguono e spesso non si arriva ad altra solu-

zione che non sia il confronto. Io dico questo, tu sostieni il contrario, probabilmente (ma non è detto) ha ragione quell'altro che propone un terzo punto di vista...

È bella, questa libertà d'espressione e d'opinione. Ancor più bella pensando che si ricama intorno al testo sacro, alla parola divina, a una Legge! Il pensiero scorre, la fede anche: non a caso il Talmud è familiarmente detto "mare", in ebraico, perché la sua logica non è consequenziale e invece dietro una apparente confusione si cela l'invito ad esplorare, raccogliere gli spunti, elaborare idee nuove sul vecchio, fertile terreno. Il Talmud è stato un'impareggiabile ginnastica mentale, oltre che il "manuale" di riferimento della vita e della religione. Mai arrendersi di fronte all'oscurità di un passo, né davanti a una spiegazione troppo ovvia: questo, prima di ogni cosa, insegna la tradizione.

Vediamo ad esempio il caso delle leggi alimentari. La prima cosa che distingue un ebreo (un ebreo che sia osservante) nella vita quotidiana, è come e che cosa mangia. La tavola lo separa spesso dal resto del mondo. Questa separazione non è esclusione, però. È invece il senso di differenza, per cui al mondo non devono fare tutti la stessa cosa. Non è nemmeno un senso di superiorità, per cui ciò che faccio io è necessariamente meglio di ciò che fai tu. L'elezione del popolo d'Israele, come vi spiegavo sommariamente prima, non è tanto un privilegio quanto un impegno.

Le regole alimentari sono tante, complesse. Le più comuni riguardano il divieto di mangiare maiale e di consumare latte e carne nello stesso pasto. Vediamo perché. La Bibbia elenca gli animali permessi, fra i quali vanno inclusi quelli che hanno l'unghia fessa (cioè spaccata in due) e ruminano. Il maiale non ha queste due caratteristiche insieme, perché non rumina. Nemmeno il cavallo o il coniglio, che sono anch'essi proibiti. Così come, ad esempio, gli uccelli rapaci, i serpenti (tutte le creature che strisciano sono vietate). A badare bene, la Bibbia consente di mangiare soltanto bestie erbivore, fra cui bovini e ovini, e pollame; a guardare ancor meglio, si nota che eliminando la carne dal nostro regime alimentare, rispettare le regole alimentari ebraiche (che si chiamano nel

complesso *kasherut*, dove *kasher* o la forma yiddish *kosher* è l'aggettivo, che originariamente significa "adatto", "conforme") diventa molto più facile.
Come sempre, c'è un perché. Si ha soltanto da risalire molto indietro nel tempo. A Adamo ed Eva Dio assegna le piante e i frutti del paradiso (tutti, tranne quello proibito, puntualmente assaggiato per primo...). Cacciati da quel giardino (paradiso in ebraico significa "frutteto" o meglio "agrumeto"), il primo uomo e la prima donna precipitano in una terra ben più ostile, che esige di essere lavorata, per produrre qualcosa di cui sfamarsi. Ma anche qui Dio concede loro per alimento i prodotti della terra, cioè i vegetali e non gli animali. È con la storia del Diluvio, il lavoro di Noè e l'arca, che le cose cambiano. Infatti, quando le acque iniziano a ritirarsi, l'Eterno decide di ricompensare quest'uomo che ha lavorato sodo per la sopravvivenza di tutte le specie, unico superstite insieme alla sua famiglia del genere umano. Pertanto assegna a Noè e a tutti i suoi discendenti (cioè il genere umano) il dominio degli animali d'aria e di terra, quasi a dire: "Disponine come

meglio credi." Solo in questo momento, secondo la tradizione, la carne entra nell'alimentazione dell'uomo.
Torniamo alle regole alimentari. Si diceva dell'altra più conosciuta, quella che proibisce la commistione di latte e carne nello stesso pasto. In base alla quale gli ebrei ortodossi hanno servizi e pentole per la carne e altrettanti per il latte, e anche dentro al frigo, in dispensa, negli scaffali, vige una rigida separazione. Tutto ciò deriva dal versetto biblico che dice: "Non farai cuocere il capretto nel latte di sua madre" (Esodo 23, 19). Questo divieto si riferisce probabilmente a una usanza alimentare comune, anticamente, e stigmatizzata dalla Bibbia per la sua crudeltà. Proprio come il famoso "occhio per occhio", che nella nostra società è considerato indice di accanimento vendicativo, mentre quando fu formulata, la norma voleva ottenere l'effetto opposto, mitigare cioè una pratica in cui la ritorsione per un danno subìto consisteva nell'infliggere un danno più volte maggiore, e quindi, almeno due occhi per un occhio leso...
Nella Bibbia comunque sta scritto soltanto

questo, e non "Evita di mangiare qualsiasi latte e qualsiasi carne insieme!" Perché allora tutte queste restrizioni imposte dal regime alimentare che gli ebrei religiosi rispettano? Per il principio di cui vi parlavo poco fa, quello della "siepe intorno alla Torah": per proteggere il testo sacro e non infrangerne il significato e i dettami, i maestri hanno deciso di "tenersi larghi" (o stretti, a seconda dei punti di vista) nella precisazione dei diritti e dei doveri. Così, non si rischia di infrangere la Legge e andare contro la volontà divina, anche inavvertitamente.
Ma le regole alimentari sono tante altre: ve ne sono che riguardano le primizie e i primi frutti di un giovane albero (che vanno rispettāti), ve ne sono riguardo al riposo dei campi, alla preparazione del vino, alla macellazione della carne, che va eseguita secondo certe regole allo scopo di eliminare tutto il sangue dell'animale, perché il sangue, scrigno della vita ch'è patrimonio divino, è la cosa più proibita di tutte, a tavola e in cucina. Ad ogni buon conto, e senza scendere nelle minuzie di una legge complessa, sappiate che ogni regola, ogni norma, ha un senso e trova spiegazione nella Torah e nelle

parole dei maestri che hanno costruito la tradizione, e con essa la siepe entro la quale vivere, trasmettere la propria civiltà.
Lo studio non è infatti per l'ebraismo un corollario, un modo come un altro per scacciare il tempo. Non si smette mai di studiare, di riconoscere ciò che già si conosceva, scoprendo qualcosa di nuovo. La tradizione infatti non si ferma con il Talmud, ma prosegue incessante fra commenti, commenti ai commenti, ricerche e raccolte di parole; prosegue da sempre, sulle pagine dei libri scritti e nel dialogo dentro le scuole, perché la rivelazione divina non è un momento fisso nel tempo, bensì un continuo processo di apprendimento – questo è il senso della tradizione ebraica.
Accanto allo studio, l'ebreo osservante si dedica alla preghiera, che è la forma di culto israelitico da quando il Tempio di Gerusalemme è stato distrutto e non è più stato possibile presentare dei sacrifici e delle offerte a Dio – ammesse soltanto in quel punto della terra, per mano dei sacerdoti. Ma questa è una storia antica. La preghiera accompagna invece la vita di tutti i giorni, nella lode e nel ringraziamen-

to, nella speranza e nella supplica. Il modo più originale per pregare in ebraico è però la benedizione: un vero e proprio scambio fra cielo e terra, con parole semplici e comprensibili a tutti. Vi è una benedizione per ogni momento: questo è un modo per comunicare con Dio, per esaltare il creato e apprezzarvi anche le cose dall'apparenza più insignificante.
Pregando, l'ebreo osservante indossa lo scialle da preghiera, detto *tallit* (bianco, con delle strisce nere o azzurre, e delle vistose frange), e a volte – sempre che non sia Sabato – i filatteri, in ebraico *tefillin* (preghiera si dice appunto *tefillah*), che sono degli astucci di cuoio in cui sono contenuti piccoli fogli con porzioni del testo della Torah, dove è anche detto "legale (le parole del testo sacro) come segno alla tua mano e frontale fra i tuoi occhi" (Deuteronomio 6, 8, siamo fra le righe della professione di fede, che è chiamata *Shema*, "ascolta, Israele..."). In testa si porta la *kippah*, la papalina, per segno di rispetto verso Dio che ci guarda dall'alto. Gli ebrei pregano insieme in sinagoga, ma anche da soli in casa, ovunque si trovino quando giunge l'ora del rito.

Quante cose sarebbero ancora da dire, raccontare, anche soltanto suggerire. Ad esempio, come si scandisce il tempo della vita: quello quotidiano e quello solenne delle feste. L'anno, infatti, non comincia il primo di gennaio, bensì il primo di *Tishrì*, il mese ebraico che cade fra settembre e ottobre, nel quale ricorrono varie festività, dal Capodanno al digiuno di Espiazione (*Kippur*), e poi la festa delle Capanne che ricorda il soggiorno nel deserto, e quella che celebra la "gioia della Torah". E poi e poi: la festa delle Luci, *Channukkah*, che ricorda la vicenda storica dei maccabei, e quella di *Purim* a rievocazione di quanto narrato nel libro di Ester, la regina che salva gli ebrei, e *Sukkot* che è Pentecoste, la festa della rivelazione sul Sinai, e Pasqua, di cui abbiamo già detto. Ogni momento del calendario ebraico ha un valore storico e religioso, accanto a uno naturale – le feste accompagnano le stagioni, il clima, il lavoro e i frutti della terra: Pasqua è sì il ricordo dell'Esodo dall'Egitto, ma anche la felicità nel vedere il risveglio della natura, e per questo ci sono le uova in tavola, a rammentarci che le galline riprendono a posare e non fa più freddo...

Ancora una volta, tutto questo ci aiuta a pensare, e pensando a crescere, perché ha senso stare al mondo solo se impari a porti delle domande e a cercare altrettante risposte – che pure non è detto troverai. Così, i concetti dell'ebraismo non sono mai espressi in modo definitivo, categorico. La giustizia e la pietà possono sempre accogliere nuove manifestazioni, nuovi risvolti. Il male è un mistero, ma dobbiamo sapere che non tutto è conoscibile, in cielo così come in terra.
E altro ancora. Il perdono, ad esempio. Si dice spesso che gli ebrei non sanno perdonare, perché viene inculcato loro il senso di una giustizia rigorosa, a volte troppo categorica. Non è così. Gli ebrei ritengono che possa accordare il perdono solo chi ha subìto l'affronto o il danno in prima persona: insomma, nessuno può perdonare per conto di qualcun altro. Non possiamo perdonare i nazisti per quello che hanno fatto a sei milioni di ebrei morti nei campi di sterminio, semplicemente perché noi non siamo loro. Noi non siamo i bambini gettati contro il filo spinato, le masse accalcate nelle camere a gas, spinte nei vagoni merci.

Non siamo loro, e solo loro potrebbero perdonare. È un percorso difficile, il perdono, non una parola che viene e passa come un refolo di vento. Anche il pentimento è così, per l'ebraismo. Una strada a ritroso, lunga e consapevole, non una strigliata di spazzola sulla coscienza.

Chi?

Chi siamo?

Quante poche cose dette, e quante che mancano perché non so abbastanza, perché le righe di parole passano e riempiono le pagine ed è giunto quasi il momento di tacere.
Siamo anelli di una catena.
Figli e nipoti di Sara e Abramo.
Membri di un popolo.
Custodi di un'identità.
Italiani (o francesi, indiani, statunitensi... e così via) ed ebrei. Le due appartenenze non si contraddicono, non si escludono a vicenda, non significano reciproco tradimento. A essere ebrei, non si è meno italiani! L'identità è sempre un fatto complesso, plurale e mai singolare, perché tutti al mondo ci specchiamo in vario

modo con le nostre idee, le radici sulle quali ci reggiamo, la strada che abbiamo intrapreso.
Fedeli. A volte per fede, come nel caso degli osservanti, per i quali la Torah è parola quotidiana, è ingrediente di vita e preghiera, di obblighi e divieti.
A volte, e sempre più spesso in questo mondo sempre più laico, fedeli per fedeltà, più che per fede. Per un senso di appartenenza che non si rivolge al sovrannaturale, a Dio, bensì al mondo qui sotto, al passato cui apparteniamo, al rispetto dei nostri avi. Proprio come diceva Sigmund Freud.
In parole povere, l'ebreo che non va a pregare in sinagoga, che mangia tutto quel che gli capita, che non conosce né parla la lingua dei suoi padri e della Bibbia, non è meno ebreo degli altri. Nemmeno il più rigoroso dei rabbini ortodossi negherà a questo ebreo la sua identità, lo reciderà dalla catena delle generazioni. Di lui dirà magari che è un ebreo "dimentico di sé", e lo inviterà a essere più scrupoloso, ecco. Così come pochi sanno che ebrei si nasce, ma lo si può anche diventare. La conversione non è un gesto simbolico: è piuttosto un

lungo percorso di apprendimento e maturazione della coscienza. Di studio, tanto per cambiare. In cima al quale c'è la cerimonia di "ingresso" nel popolo ebraico: con ciò, si diventa un altro anello di questa catena, ci si "innesta" nel cammino delle generazioni.
Ci sono molti modi, d'essere ebrei. Gli ortodossi con i cernecchi e i cabbalisti con lo sguardo perso nei loro ostici e poetici libri. I riformati con le loro sinagoghe dove quasi si entra senza papalina in testa. Gli ebrei israeliani (non tutti gli israeliani sono ebrei, del resto: ve ne sono di confessione islamica e cristiana, solo per citare qualche esempio) per i quali la Terra Promessa non è più sogno ma patria, in cui vivere, da difendere e magari anche da criticare. Gli ebrei consapevoli di quel che sono in ogni momento della vita e quelli che se lo ricordano solo a tratti. Quelli per i quali essere ebrei non significa nulla. Quelli che si sentono minoranza e quelli che non si sentono affatto minoranza (entrambe le cose possono capitare nello stesso angolo di mondo, sia esso Tel Aviv o New York, Bologna o Varsavia, Buenos Aires o Samarcanda...).

È un'identità composita e multiforme, quella dell'*ivrì*, di "colui che sta dall'altra parte", oggi segnata da due eventi fondamentali che fra loro non hanno nesso se non una drammatica vicinanza nel tempo. Due eventi che non consentono a nessuno indifferenza, distanza di sorta, perché appartengono entrambi al popolo ebraico così come al resto del mondo: la Shoah, lo sterminio nazifascista, e la rinascita dello stato d'Israele.
Entrambi, di segno così opposto fra di loro, hanno rappresentato delle sfide alla nostra storia. Alla continuità. L'uno perché ha tentato di negare l'esistenza, l'altro perché ha chiesto e ottenuto giustizia al mondo, dato consistenza al futuro, non più soltanto come vana attesa di una improbabile redenzione.
Siamo eredi di una pazienza millenaria, bambini miei. Questo ho cercato di spiegarvi con le mie parole monche, con quel poco che so perché l'ho imparato, e quel tanto che ancora mi manca e spinge a vivere giorno dopo giorno perché finché resta ancor qualcosa da imparare e da condividere, bambini miei, val davvero la pena di restare al mondo.

Postfazione

(poche righe)

Queste pagine non sono un'introduzione all'ebraismo, né tantomeno un manuale, dotato di qualsivoglia ordine o pretesa di completezza. Sono parole sparpagliate fra la testa e il cuore, fra gli occhi del corpo e quelli della mente, come si direbbe in ebraico. Ho cercato di spiegare che cosa significhi essere ebrei, armata non di certezze bensì di sentimenti, dubbi, esperienze di vita e di lettura. Non sono attendibili, queste mie parole, se non in quanto voci che sento dal profondo, e dopo averle sentite provo a estrarle, raccontandole. Ai miei figli e a chi voglia ascoltare. Tutto qui.

C'è, fra le tante, una persona che vorrei nominare ringraziandola qui: si ricorderà di quando

questo libro venne pensato per la prima volta attraversando un viale d'alberi spruzzato da una nevicata imprevista, un po' precoce e turbolenta, una sera che non era ancora nemmeno inverno. Grazie, Younis Tawfik!
E poi, grazie ai miei figli, perché mi ascoltano.
Grazie ai nostri avi, tenaci anelli di una catena.
A entrambi devo l'inestinguibile impulso d'amore che mi procura da sempre le parole per scrivere.

Indice

ISBN 88-452-5246-9